Wegzeichen Religion 2

Ein Unterrichtswerk
für den Evangelischen Religionsunterricht
in der Jahrgangsstufe 2

von Gertrud Miederer,
Heinz und Margit Rehlen,
Walter Zwanzger

Verlag Moritz Diesterweg
Frankfurt am Main

Inhaltsverzeichnis

Bin ich wirklich der Größte?

Jakob hat alle seine Kinder gern. Am meisten aber liebt er Josef. Er schenkt ihm ein besonders schönes Kleid. Das macht die Brüder neidisch. Mit bösen Blicken schauen sie auf ihn herab. Josef will nicht immer der Kleine sein. Er träumt: „Ich bin der Größte!"

Du Josef,
jetzt bist du stolz auf dich.
Du glaubst,
du bist der Größte.
Alle sollen dich bewundern.
Du stehst im Mittelpunkt
wie ein König.
Sollen sich nun alle vor dir verneigen?
Gefällt dir das?
Möchtest du, dass andere dir gehorchen?
Willst du jetzt bestimmen?
Hast du überlegt,
ob das auch deinen Brüdern gefällt?
Was werden sie von dir halten?
Denkt nicht auch jeder von ihnen:
„Ich bin der Größte!"?

Auch du kannst das Kleid zu Josef sprechen lassen.

Was soll nun aus mir werden?

Eines Tages hüten die älteren Brüder das Vieh weit entfernt vom Haus des Vaters. Jakob gibt Josef den Auftrag, nach den Brüdern zu sehen. Als die Brüder ihn kommen sehen, sagen sie: „Wir können den Angeber nicht leiden. Immer will er der Größte sein."

Sie packen Josef und reißen ihm sein schönes Kleid vom Leib. Am liebsten würden sie ihn umbringen. Sie werfen ihn in einen leeren Brunnen. Jetzt fühlen sie sich erleichtert.

Die Brüder setzen sich neben den Brunnen und essen, als wäre nichts geschehen. Sie hören nicht auf Josef. Der fleht sie an: „Holt mich heraus, ich habe Angst!" Erst nach einer Weile überlegt Ruben, der älteste Bruder: „Und was machen wir, wenn unser Vater alles erfährt?"

Die Brüder verkaufen Josef für einige Silberstücke an vorbeiziehende Händler. Zum Vater aber sagen sie: „Josef ist tot!". Da weint der Vater vor Kummer. Seine Kinder wollen ihn trösten. Aber er will sich nicht trösten lassen. Die Händler ziehen mit Josef auf fremden Straßen immer weiter von zu Hause weg. Noch nie war Josef so lange von seinem Vater getrennt. Oft fragt er sich voll Angst: „Wohin werden sie mich bringen? Was soll nun aus mir werden?"

Da erinnert er sich: „Hat nicht der Vater immer gesagt, dass Gott bei uns bleibt? Ich hoffe, der Vater hat Recht."

Die Händler bringen Josef in Ägypten auf den Sklavenmarkt. Immer wieder fragt er sich voll Sorge: „Was soll nun aus mir werden?"

 Josef hat nun ein anderes Gewand an.

Wenn dieses Gewand jetzt zu ihm sprechen würde...

Was kann ich für andere tun?

Ein hoher Beamter des Pharao, des Königs von Ägypten, kauft ihn. Er
heißt Potifar. Er macht ihn zum Aufseher über sein ganzes Haus.
Josef ist geschickt. Seine Arbeit gelingt. Er spürt, dass Gott bei ihm ist.
Potifars Frau findet Gefallen an Josef. Sie möchte, dass er ihr Mann wird.
Josef aber sagt: „Ich kann nicht dein Mann werden, du bist Potifars Frau."
Da wird sie wütend und erzählt ihrem Mann: „Dieser Sklave will, dass ich
seine Frau werde." Potifar glaubt ihr. Er wird zornig und lässt Josef ins
Gefängnis werfen.

Im Gefängnis muss Josef hart arbeiten. Oft hat er keine Kraft mehr. Aber
Josef glaubt fest daran, dass Gott bei ihm ist und ihm hilft. Er verzweifelt
nicht. Das gefällt seinen Mitgefangenen.
Josef wird im Gefängnis zum Aufseher gemacht. Jetzt kann er sich auch
um die Gefangenen kümmern. Eines Tages erzählen ihm zwei Gefangene
des Pharao ihren Traum. Josef kann diese Träume deuten.

Auch der Pharao hat Träume. Aber kein Ägypter kann sie ihm deuten. Ein Diener des Pharao erinnert sich an Josef im Gefängnis. Er sagt: „Vielleicht kann Josef deine Träume erklären." Da wird Josef aus dem Gefängnis geholt.

Josef deutet dem Pharao seine Träume: „Die sieben fetten Kühe und die sieben dicken Ähren bedeuten sieben fruchtbare Jahre. Das Vieh wird sich vermehren und die Ernten werden groß sein. Dann aber werden sieben Hungerjahre kommen. Das zeigen die mageren Kühe und die leeren Ähren an. Im Land wird große Not herrschen."

11

Was kann ich tun, damit alles wieder gut wird?

Da erschrickt der Pharao: „Kann ich etwas dagegen tun?" Josef antwortet:
„Du braucht einen klugen Mann. Er soll in den sieben reichen Jahren
Vorräte sammeln lassen. Dann wird es genug zu essen geben, wenn die
Hungerjahre kommen."
Da zögert der Pharao nicht lange: „Du bist der richtige Mann!", ruft er aus.
So wird der Sklave Josef der höchste Minister des Pharao. An seiner
Kleidung und an seinem Schmuck können es alle sehen.
Die sieben fruchtbaren Jahre kommen. Das Korn steht dicht auf den
Feldern. Überall lässt Josef große Speicher bauen und Vorräte lagern.
Dann kommt die schreckliche Trockenzeit. Die Erde wird rissig. Jahr für
Jahr wächst weniger Korn. Der Hunger wird immer größer. Überall
schreien die Menschen nach Brot. Nur in Ägypten gibt es genug zu essen.
Josef verkauft das Korn aus den Speichern.
Auch in der Heimat von Josef müssen die Menschen hungern. Eines Tages
kommen Josefs Brüder nach Ägypten und wollen Korn kaufen. Josef
erkennt sie sofort. Aber seine Brüder erkennen ihn nicht.
Als sie sich tief vor ihm verbeugen, erinnert sich Josef an seine
Träume von früher.
Er überlegt: „Soll ich meine Brüder umarmen? Soll ich sie
bestrafen? Hat Gott mich mächtig gemacht, damit ich
mich rächen kann?"
Josef lässt seine Brüder ins Gefängnis werfen.
Nach zwei Tagen schickt er sie heim, um auch Benjamin, seinen jüngsten Bruder zu holen. Simeon aber
behält er als Geisel zurück. Der Vater will Benjamin nicht mitgehen lassen.
Er hat Angst, auch ihn zu verlieren. Da spricht Ruben, der Älteste: „Vater,
wir müssen nach Ägypten zurück! Wir können Simeon, unseren Bruder,
nicht einfach dort im Gefängnis lassen. Ohne Benjamin gibt der Minister
unseren Simeon nicht frei." Aber der Vater erlaubt es nicht. So vergehen
viele Wochen. Der Hunger wird immer schlimmer. Da bittet Juda den
Vater: „Lass uns ziehen! Wir brauchen Getreide. Gib uns Benjamin mit. Ich
bringe ihn wieder zu dir zurück." Da endlich gibt der Vater nach und lässt
Benjamin mit nach Ägypten ziehen.
Josef begrüßt seine Brüder freundlich und lädt sie zum Essen in sein Haus
ein. Auch Simeon lässt er wieder frei.

Josef stellt seine Brüder noch einmal auf die Probe. Er behauptet: „Benjamin hat meinen silbernen Becher gestohlen. Er soll bei mir bleiben und mein Sklave sein." Aber die Brüder halten zu Benjamin: „Unser Vater hat schon einmal einen Sohn verloren. Das soll nicht wieder geschehen!" Da gibt sich Josef zu erkennen: „Steht auf! Kommt her! Ich bin Josef, euer Bruder! Gott möchte, dass wir uns versöhnen. Er hat alles zum Guten gewendet. Lasst uns in Zukunft füreinander da sein."

 Josef hat jetzt ein neues, prächtiges Kleid.
Wenn dieses Kleid jetzt zu ihm sprechen würde!

Ihr gedachtet es böse mit mir zu machen, aber Gott gedachte es gut zu machen.

Guter Gott,
es ist schwer,
jeden Tag gut miteinander auszukommen.
Oft klappt es nicht.
Manchmal liegt es auch an mir:
Ich mag nicht teilen,
sondern immer alles für mich haben.
Ich will immer Erster sein.
Die anderen ärgert das.
Sie wollen nichts mehr mit mir zu tun haben.
Alleine ist es nicht schön.
Dabei könnten wir zusammen so viel machen.
Ob es mir gelingt,
sie um Verzeihung zu bitten
und einen neuen Anfang zu machen?

Auf Weihnachten warten —
Freude erleben

Advent – Zeit der Vorfreude

Text: Moni Fersche, Musik: Heinrich Rohr

Wir sagen euch an den lieben Advent.
Wir sagen euch an eine heilige Zeit.

Sehet, die erste Kerze brennt! Freut euch, ihr
Machet dem Herrn den Weg bereit.

Christen, freuet euch sehr! Schon ist nahe der Herr.

 Die Kerzen auf dem Adventskranz können viel erzählen.

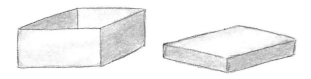

2. Wir sagen euch an den lieben Advent.
Sehet, die zweite Kerze brennt!
So nehmet euch eins um das andere an,
wie auch der Herr an uns getan:

Refrain: Freut euch, ihr Christen,

3. Wir sagen euch an den lieben Advent.
Sehet, die dritte Kerze brennt!
Nun tragt euer Güte hellen Schein
weit in die dunkle Welt hinein.

Refrain: Freut euch, ihr Christen,

4. Wir sagen euch an den lieben Advent.
Sehet, die vierte Kerze brennt!
Gott selber wird kommen, er zögert nicht.
Auf, auf, ihr Herzen, und werdet licht!

Refrain: Freut euch, ihr Christen,

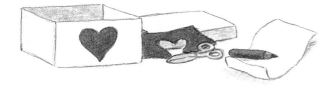

Ihr habt sicher Ideen für einen ganz besonderen Päckchen-Adventskalender.

Maria auf ihrem weiten Weg begleiten

Überrascht sein – besorgt sein

unterwegs sein — enttäuscht sein

Sich mit Maria und Josef freuen

1. Zu Beth-le-hem ge-bo-ren ist uns ein Kin-de-lein, das hab ich aus-er-ko-ren, sein ei-gen will ich sein, ei-a, ei-a, sein ei-gen will ich sein.

2. In seine Lieb versenken will ich mich ganz hinab;
mein Herz will ich ihm schenken und alles, was ich hab,
eia, eia, und alles, was ich hab.

Angst haben

Nicht alle freuen sich darüber, dass Jesus geboren ist.
Der König Herodes hat Angst, seinen Thron zu verlieren.
Er will das Kind töten lassen.
Maria und Josef müssen mit Jesus fliehen.
Sie haben einen schweren Weg vor sich.

Nachdenklich sein

Als Jesus 12 Jahre alt ist, darf er zum ersten Mal zum Passa-Fest mit seinen Eltern hinauf zum prächtigen Tempel ziehen. Nach dem Fest machen sich alle wieder auf den Heimweg. Jesus bleibt alleine zurück im Tempel. Am Abend suchen Maria und Josef nach Jesus, aber niemand hat ihn gesehen. Voller Sorge kehren sie um nach Jerusalem. Als sie ihn finden, sitzt er bei den Gelehrten im Tempel. Eifrig redet er mit ihnen. Alle staunen über seine Weisheit und Klugheit.

Maria und Josef sind entsetzt. Maria sagt: „Kind, warum bist du hiergeblieben? Wir suchen dich seit drei Tagen und haben Angst um dich gehabt."

„Warum habt ihr mich gesucht?", fragt Jesus. „Wisst ihr nicht, dass mein Platz hier im Hause meines himmlischen Vaters ist?"

Die Eltern aber verstehen nicht, was er damit sagen will.

Wie Maria
ein offenes Ohr haben,
geschehen lassen, was geschehen soll,
Vertrauen haben.

Wie Maria
sich auf den Weg machen,
gute Freunde besuchen,
um Rat fragen.

Wie Maria
Schwierigkeiten nicht ausweichen,
den Mut nicht verlieren,
aufbrechen.

Wie Maria
nicht aufgeben,
sich nicht entmutigen lassen,
weitersuchen.

Wie Maria
sich über das Kind freuen,
die Freude weiterschenken,
dankbar sein.

Wie Maria
ein weites Herz haben,
zuversichtlich sein,
sich nicht fürchten vor dem, was kommt.

Von der Hilfe Jesu erfahren — sich auf seine Hilfe einlassen

Sich auf Jesus einlassen

Christus hat keine Hände, nur unsere Hände,
um seine Arbeit heute zu tun.
Er hat keine Füße, nur unsere Füße,
um Menschen auf seinen Weg zu führen.

Christus hat keine Lippen, nur unsere Lippen,
um Menschen von ihm zu erzählen.
Er hat keine Hilfe, nur unsere Hilfe,
um Menschen an seine Seite zu bringen.

Gehörlos sein — hören und sprechen können

Jesus war in einer fremden Stadt. Da brachten sie einen Mann zu ihm.
Er konnte nicht hören. Er konnte auch kaum sprechen. Aber seine
Freunde sagten: „Jesus kann helfen. Jesus kommt von Gott!"
Sie baten Jesus: „Hilf ihm! Lege deine Hand auf ihn!" Jesus nahm den
Mann auf die Seite, weg von den vielen Menschen. Er redete mit dem
Mann durch Zeichen: Er berührte seine Ohren und seine Zunge. Er sah
zum Himmel empor. Er sagte: „Öffne dich, Ohr! Löse dich, Zunge!"
Da gingen dem Mann die Ohren auf. Er konnte hören. Und seine
schwere Zunge löste sich. Er konnte reden.
Die Menschen staunten und wunderten sich über Jesus. Sie sagten:
„Alles macht er heil. Er bewirkt, dass Taube hören können und Stum-
me reden!"

Sing mit mir ein Hal-le-lu - ja, sing mit mir ein Dan-ke-schön;

Manchmal bin auch ich wie stumm. Ich habe Angst,
ich bin erschrocken, ich bringe kein Wort heraus.
Oder ich bin wie taub. Ich will etwas einfach nicht hören.
Ich will damit nichts zu tun haben.

Jesus will, dass Menschen aufeinander
hören und miteinander reden können.

Wer kann dir helfen?
Was kann dir helfen?

Gelähmt sein – aufeinander zugehen

Jesus war in Kapernaum. Viele Leute wollten ihn hören.
Da kamen vier Männer, die trugen einen Gelähmten. Wegen der großen
Menschenmenge konnten sie ihn nicht zu Jesus bringen. Deshalb stiegen
sie auf das Dach des Hauses. Sie deckten das Dach ab, machten ein Loch
und ließen die Trage mit dem gelähmten Mann hinunter.

Jesus sah den Gelähmten an. Er sah seine Not. Jesus schaute die vier
Männer an. Er spürte ihr großes Vertrauen. Er sprach zu dem Gelähmten:
„Deine Schuld ist dir vergeben. Sie soll dich nicht weiter belasten."
Als die Schriftgelehrten das hörten, wunderten sie sich. Sie dachten:
„Einen Menschen von seiner Schuld freimachen, das kann nur Gott. Das
darf Jesus nicht sagen. So lästert er Gott."
Jesus schaute die Schriftgelehrten an und fragte sie: „Was ist leichter?
Einem Menschen zu sagen: ‚Steh auf, nimm deine Matte und geh!' oder:
‚Dir ist deine Schuld vergeben, du sollst frei davon sein!'"
Die Schriftgelehrten sahen ihn an. Sie sagten nichts. Da sagte Jesus: „Gott
kann beides, und ihr sollt sehen, dass mir Gott dazu die Macht verliehen
hat." Jesus wendete sich dem Gelähmten zu: „Ich sage dir, stehe auf, nimm
deine Matte und gehe heim in dein Haus." Da stand der Gelähmte auf.
Er nahm seine Matte und ging hinaus.

An Grenzen stoßen

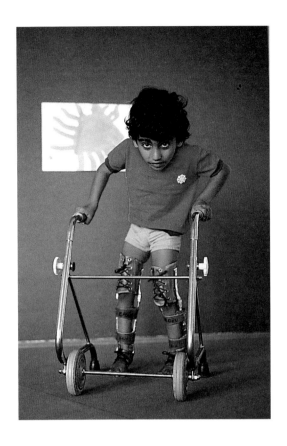

Pedro kam mit einer schweren Krankheit auf die Welt. Er kann sich nicht bewegen, wie er will. Seine Muskeln verkrampfen sich so sehr, dass er nicht laufen und auch nicht richtig stehen kann. Seine Beine gehorchen ihm nicht.

Er ist schon oft operiert worden. Jedes Mal hat Pedro gehofft, er würde jetzt gesund werden. Es hat schon geholfen, aber nicht so, wie er es sich gedacht hatte. Er kann seine Krücken noch immer nicht in der Ecke stehen lassen und kann auch nicht Rad fahren.

Oft sagen die Leute:

„Da kann keiner helfen."

„Da kann man nichts machen ..."

Jesus will, dass Menschen
frei werden von dem, was sie lähmt.

Wer kann helfen?
Was kann helfen?

Ausgeschlossen sein — wieder hoffen dürfen

Jesus zog durch Städte und Dörfer rings um den See Genezareth.

Einmal näherte sich ihm ein Mann, der eine schlimme Krankheit hatte:
Er war voller Aussatz. Er hatte Flecken auf der ganzen Haut und Knoten
am ganzen Körper. Im Gesicht sah er schrecklich aus. Die Menschen
ekelten sich vor ihm. Sie dachten: „Dieser Mensch ist unrein. Gott hat
diesen Menschen verstoßen."
Als er Jesus sah, fiel er vor ihm nieder. Ein Bild des Jammers. Er flehte
Jesus an und sprach: „Herr, wenn du willst, kannst du mir helfen.
Du kannst mich rein machen."
Jesus sah ihn an. Er sah seine Not. Von Mitleid bewegt streckte er seine
Hand aus, berührte ihn und sagte: „Ich will es, sei rein, sei gesund!"
Da wich der Aussatz von ihm, er war rein, er war gesund.
Schnell wurde bekannt, was Jesus getan hatte. Von überall her kamen die
Kranken. Sie wollten Jesus sehen. Viele dachten: „Jesus kann uns helfen."

Ein Kügelchen Hoffnung

Kofi und Barko leben in Nigeria. Sie sind Freunde. An einem heißen Nachmittag, beim Baden, entdeckt Barko auf Kofis Rücken etwas Schreckliches. Zögernd tritt er einen Schritt näher und weicht dann schnell ein Stück zurück. „Kofi, du hast die weißen Zeichen auf dem Rücken! Du hast die Lepra!", sagt er ganz erschrocken. Dann hebt er hastig seine Kleider auf, und läuft weg, so schnell er kann. Verwirrt bleibt Kofi zurück.

„Barko soll sich schämen!", sagt die Mutter streng. „Damit treibt man keinen Spaß! Du sollst Lepra haben? Ausgerechnet du? Niemals!"

Dennoch bat Kofi seine Mutter: „Sieh dir doch einmal meinen Rücken an." Er dreht sich um und zeigt seiner Mutter den bloßen Rücken. „Siehst du etwas?" Aber die Mutter antwortet nicht. Kofi dreht sich um. Er sieht ihr starres, graues Gesicht. „Was ist denn, Mutter? Sag doch ..."

Völlig kopflos rennt Kofi aus dem Dorf. Keiner kann ihm jetzt helfen. Es ist hoffnungslos. Sie werden ihn ausschließen ...

Jesus will, dass keiner durch seine Krankheit ausgeschlossen und ohne Hoffnung bleibt.

Wer kann helfen?
Was kann helfen?

Nach einiger Zeit kehrt Kofi heimlich ins Dorf zurück. Da hört er, wie der Lehrer zu seiner Mutter sagt: „Morgen kommen die Ärzte in unser Dorf. Es gibt ein Mittel! Sie bringen es mit. Es sind kleine Kügelchen. Ganz winzig sollen sie sein, aber sie sind stärker als die Lepra."

Kofi vergisst, dass er sich verstecken wollte. Voller Freude und Hoffnung springt er auf die beiden zu.

Abgelehnt werden – angenommen sein

In der Stadt Jericho lebte der Zolleinnehmer Zachäus. Er besaß viel Geld
und wohnte in einem prachtvollen Haus. Zachäus hatte keine Freunde.
Die Menschen hassten die Zolleinnehmer, weil sie mehr Geld verlangten,
als es recht war.

Zachäus hörte, dass Jesus auf dem Weg war nach Jericho. Er wollte ihn
unbedingt sehen. Aber in den Gassen der Stadt standen die Menschen
dicht gedrängt und versperrten Zachäus die Sicht. Weil er sehr klein war,
konnte er nicht über die Menschen hinwegsehen. Da hatte Zachäus eine
gute Idee.

Als Jesus durch die Straße kam, blieb er genau unter dem Baum stehen, in dem sich Zachäus versteckt hatte. Er schaute hinauf und sagte: „Komm schnell herunter, Zachäus! Ich will heute dein Gast sein!"

Da freute sich Zachäus, dass Jesus gerade zu ihm kommen wollte. Sofort kletterte er vom Baum und führte Jesus zu sich nach Hause. Die Menschen von Jericho aber ärgerten sich. Als Jesus bei Zachäus aß und trank und alle fröhlich waren, kamen ein paar zu ihm und sagten mürrisch: „Warum gehst du zu so einem schlechten Menschen?"

Da sagte Zachäus zu Jesus: „Sie haben Recht. Ich bin ein schlechter Mensch. Aber ich verspreche: Ich gebe die Hälfte von allem, was ich besitze, den Armen. Und allen, die ich betrogen habe, gebe ich das, was ich zu viel genommen habe, vierfach zurück."

„Das ist ein Freudentag für dich und deine ganze Famile", gab ihm Jesus zur Antwort. „Obwohl du ein verachteter Zolleinnehmer bist, hat Gott dich lieb gewonnen. Darum bin ich auch zu dir gekommen. Ich will den Menschen, die abgelehnt werden, zeigen, dass Gott sie annimmt."

Sing mit mir ein Hal-le-lu - ja, sing mit mir ein Dan-ke-schön;

Jesus will, dass Menschen einander annehmen und aufeinander zugehen.

Was könnt ihr dazu beitragen?

Jesus,
du willst,
dass Menschen einander annehmen
und aufeinander zugehen.

Jesus,
du willst,
dass Menschen aufeinander hören und
miteinander reden

Jesus,
du willst,
dass Menschen frei werden von allem,
was sie in ihrem Leben lähmt.

Jesus,
du willst,
dass die Kranken nicht ausgeschlossen werden
und damit ohne Hoffnung bleiben.

Jesus,
du willst
uns Mut machen, das Leben zu lieben.
Mit dir kann Leben neu beginnen.

Einsamkeit erfahren — Zuversicht gewinnen

Erwartungen wecken

Maria aus Magdala hat ihre Heimat am See verlassen. Jesus hat sie von ihrer schlimmen Krankheit geheilt. Mit neuem Lebensmut folgt sie Jesus, seinen Jüngerinnen und Jüngern auf dem Weg nach Jerusalem. Dort wird sich erfüllen, was die Menschen überall im Land von ihm erwarten. Dann wird sich zeigen, dass Gott auf seiner Seite ist. Erwartungsvoll stehen viele Menschen vor dem Tor in Jerusalem. Sie wollen Jesus begrüßen wie einen König.

1.–6. Je - sus zieht in Je - ru - sa - lem ein, Ho - si - an - na!

1. Al - le Leu - te fan - gen auf der Stra - ße an zu schrein:

Ho - si - an - na, Ho - si - an - na, Ho - si - an - na in der Höh',

Ho - si - an - na, Ho - si - an - na, Ho - si - an - na in der Höh'!

Allein gelassen werden

Text: Friedrich Walz
Melodie: Götz Wiese / Guillaume Franc

1. Sieh hin, er ist al-lein im Gar-ten. Er fürch-tet sich in die-ser Nacht,

weil Qual und Ster-ben auf ihn war-ten und kei-ner sei-ner Freun-de wacht.

2. Sieh hin, sie haben ihn gefunden. Sie greifen ihn. Er wehrt sich nicht.
Dann führen sie ihn fest gebunden dorthin, wo man sein Urteil spricht.

Angeklagt und verurteilt werden

3. Sieh hin, wie sie ihn hart verklagen, man schlägt und spuckt ihm
ins Gesicht und will von ihm nur Schlechtes sagen.
Und keiner ist, der für ihn spricht!

4. Sieh, wie sie ihn mit Dornen krönen, wie jeder ihn verpotten will,
wie sie ihn schlagen und verhöhnen.
Und er, er schweigt zu allem still.

Leid auf sich nehmen

Sieh hin, nun muss das Kreuz er tragen,
das Holz, es drückt ihn hart und schwer.
Zuletzt wird er ans Kreuz geschlagen.
Erbarm' dich über uns, o Herr!

Ostern — neue Zuversicht gewinnen

Als Jesus gestorben ist, legen ihn seine Jünger in ein Felsengrab.
Sie wälzen einen schweren Stein vor den Eingang.
Am Sonntagmorgen, so früh sie kann, geht Maria Magdalena
zum Grab. Sie ist Jesus nach Jerusalem gefolgt. Maria steht vor dem
Grab und weint: „Sie haben meinen Herrn weggenommen; und ich
weiß nicht, wohin sie ihn gelegt haben.“
Sie dreht sich um. Da sieht sie einen Mann vor sich stehen.
Es ist Jesus. Aber sie erkennt ihn nicht.
Er fragt: „Warum weinst du? Wen suchst du?“
Sie denkt, es sei der Gärtner, und sagt zu ihm: „Hast du
Jesus weggetragen? Ich will ihn holen.“
Der Fremde ruft sie bei ihrem Namen: „Maria!“
Da weiß sie, dass es Jesus ist. Sie antwortet: „Mein Herr!“
und geht auf ihn zu. Jesus aber wehrt ab: „Du darfst mich
nicht festhalten! Ich gehe zu meinem Vater. Es ist auch euer
Vater. Habt keine Angst! Ich bin bei euch, auch wenn ihr
mich nicht seht. Geh und sag es meinen Brüdern!“
Maria eilt zu den Jüngern und ruft ihnen zu:
„Ich habe den Herrn gesehen! Er lebt!“

Das Osterkreuz auf S. 35
zeigt dir viel von der neuen
Zuversicht die durch Ostern
in die Welt gekommen ist.

Freut euch, freut euch! Ostern ist da!

 Sicher kennt auch Ihr verschiedene Formen, wie Menschen ihre Osterfreude zum Ausdruck bringen. Erzählt davon.

Der Mann am Kreuz

Wenn einer die Arme ausbreitet für dich,
dann ist er wie der Mann am Kreuz.

Wenn einer deinen Sorgen ein Ohr leiht,
dann ist er wie der Mann am Kreuz.

Wenn einer ein verzeihendes Wort zu dir spricht,
dann ist er wie der Mann am Kreuz.

Wenn einer dich nimmt, wie du bist,
dann ist er wie der Mann am Kreuz.

Wenn einer dich hält, wenn du schwach bist,
dann ist er wie der Mann am Kreuz.

Wenn einer dir Mut macht, wenn du Angst hast,
dann ist er wie der Mann am Kreuz.

Wenn einer in dir Hoffnung weckt, wenn du verzagt bist,
dann ist er wie der Mann am Kreuz.

Wenn einer dich aus deiner Einsamkeit herausholt,
dann ist er wie der Mann am Kreuz.

Wenn einer vom Himmel erzählt,
wenn du verzweifelt bist,
dann ist er wie der Mann am Kreuz.

Kannst nicht auch du der EINE sein – für andere?

Bewahrende Ordnungen in der Schöpfung entdecken

Was unser Leben erhält

Ich will dich loben, Gott,
durch das Wasser.
Es löscht meinen Durst,
und wenn ich darin bade,
fühle ich mich wie neu geboren.
Zwar kann ich nicht mehr
in jedem Fluss schwimmen
und planschen,
und in vielen sind schon
die Fische gestorben,
aber trotzdem:
Ich will dich loben, Gott,
durch das Wasser.
Ohne Wasser könnte nichts leben
und wachsen auf dieser Erde.

Ich will dich loben, Gott,
durch die Sonne.
Wunderbar ist sie anzuschauen,
wenn sie auf- oder untergeht.
Zwar brennt sie manchmal
heiß auf meiner Haut
durch das Ozonloch hindurch,
aber trotzdem:
Ich will dich loben, Gott,
durch die Sonne.
Sie bringt uns den Tag
und das Licht.

Was unser Leben bedroht

Text: Rudolf Otto Wiemer
Melodie: Hermann Weingold

Einer:
1. Als No - ah in die Ar - che ging, da ka - men al - le
No - ah schloss die Ar - che zu, da - mit er keins ver -

1. C   2. C   Alle: C   F   G
Tie - re. Und lie - re. Denn No - ah wagt,

Em Am Dm Em   Am⁷   Dm   F⁷⁺ G⁶ C
was Gott ihm sagt, da - mit er keins ver - lie - re.

2. Und als der große Regen kam,
der Sturm begann zu toben,
da schwoll die Flut bis an den Turm,
die Arche, die schwamm oben.

Denn Noah wagt, was Gott ihm sagt,
die Arche, die schwamm oben.

Was Gott verspricht

Text u. Melodie: Dietrich Steinwede

1. Schwingt am Him - mel sich der Bo - gen.
Al - le Men - schen schaun nach dro - ben.

2. Bunte Farben in der Höhe. Ich bin froh, wenn ich das sehe.
3. Regenbogen, schönes Zeichen. Gottes Bund will uns erreichen.

Solange die Erde steht, soll nicht aufhören Saat und Ernte,
Frost und Hitze, Sommer und Winter, Tag und Nacht.

 Wie sieht dein Bild zu den großen Zusagen Gottes an die Menschen aus?

Manchmal
ist alles dunkel vor mir
und grau in grau.
Eine Wolkenwand türmt sich auf.
Sie macht mir Angst.

Aber dann
steht plötzlich der Regenbogen
am Himmel.
Du hast ihn uns geschenkt
als Zeichen dafür,
dass du unser Leben
erhalten und bewahren willst.

Sieben bunte Farben
strahlen mir entgegen.
Sieben bunte Farben verbinden
die Erde und den Himmel,
sie verbinden dich und mich.

Hinter den grauen Wolken
bricht das Licht hervor.
Es macht Graues farbig,
bringt ihm das Leuchten bei.

Wie der bunte Bogen
umgibst du mich.
Du bist über mir,
du bist neben mir,
du bist hinter mir.

Ich weiß,
bei dir bin ich geborgen.

Mit Geschichten aus der Bibel leben

Den Mitmenschen sehen

Ein Lehrer kommt zu Jesus und fragt ihn: „Was soll ich tun?
Ich möchte alles recht machen. Ich möchte so leben,
wie Gott es will."
Da erzählt ihm Jesus eine Geschichte.

Ein Mann machte eine weite Reise.
Er ging von Jerusalem hinab nach Jericho.
Da fielen Räuber über ihn her.
Die rissen ihm die Kleider vom Leib.
Sie schlugen ihn zusammen
und ließen ihn halbtot liegen.

Da kam ein Priester vorbei, ein Diener Gottes. Er sah den Mann da liegen
und ging schnell weiter.
Dann kam ein Levit, auch ein Diener Gottes. Er sah den Mann liegen,
schaute sich um und ging schnell vorbei.

Zuletzt kam ein Mann aus Samarien, ein Fremder, aus einem anderen Volk.

Der sah den Mann und ging schnell zu ihm hin.

Er verband ihm seine Wunden. Er setzte ihn auf seinen Maulesel und brachte ihn in das nächste Gasthaus. Dort pflegte er ihn.

Am anderen Tag musste er weiter. Da gab er dem Wirt Geld und sagte: „Sorge für ihn, bis er wieder gesund ist."

Als Jesus das erzählt hat, fragt er den Lehrer: „Welcher von den dreien hat das Richtige getan?" Der antwortet: „Der Samariter, der ihm geholfen hat." Da sagt Jesus: „Dann mach es ebenso!"

 Der Lehrer hat jetzt viel nachzudenken.

Wegsehen — übersehen — hinsehen

Das ist Peters Oma.
Sie lebt in ihrer kleinen Wohnung
im Haus von Peters Eltern.
Vor einiger Zeit ist sie gestürzt.
Lange war sie im Krankenhaus.
Jetzt ist sie wieder zu Hause.
Aber vieles kann sie
noch nicht alleine machen.
Sie ist auf Hilfe angewiesen.

 Eigentlich müsste ich ja zu Oma, aber ...

 Oma, kann ich dir helfen?

 Die nervt, ständig braucht sie etwas anderes.

 Heute geht es leider nicht. Ich muss zum Ballett.
Aber morgen komme ich ganz bestimmt.

 Kannst du dich heute mal um Oma kümmern?

 Oma, das schaff ich nicht!

Text: Horst Wicking
Melodie: Klaus Theyßen

Gott, du hast uns Au - gen ge - ge - ben:

lass uns den an - dern se - hen!

Gut, dass es die netten Schwestern von der Diakoniestation gibt.

Ich
Ich sollte
Ich sollte eigentlich
Ich

Will ich
Will ich wirklich
Ich will nicht
Ich

Warum ich
Wirklich ich
Nur ich
Ich

Später
Vielleicht morgen
Wenn
Jetzt

Sich in Gebeten und Psalmen
an Gott wenden

Gott suchen – Gott finden

Julia ist gerade in ihr Bett gekrabbelt. Die Mutter setzt sich zu ihr. „Wollen wir beten?", fragt sie. „Wie macht man das?", will Julia wissen. Da faltet die Mutter die Hände. Julia macht es ihr nach. Fragend sieht Julia ihre Mutter an. „Und jetzt?", sagt sie. „Jetzt sprechen wir mit Gott", antwortet die Mutter.

„Wo ist Gott?", will Julia wissen. „Überall!", sagt die Mutter. „Auch draußen?", fragt Julia und deutet hinaus in die Dunkelheit. Die Mutter nickt. Julia will es genau wissen. Wenn Gott da draußen ist, dann muss man ihn dort doch auch sehen können.

Da nimmt die Mutter das Kind an die Hand und geht mit ihm hinaus in den Garten. Julias Teddy darf auch mit.

Draußen ist es dunkel. „Wo ist hier Gott?", fragt Julia und hält sich an der Mutter fest. „Siehst du den hellen Stern dort oben?", sagt die Mutter und zeigt hinauf zum Himmel. „Gott hat alle Sterne am Himmel gemacht!", erklärt ihr die Mutter. „Und die Sonne und den Mond!" „Aber ist Gott dann auch dort oben bei den Sternen?", will Julia wissen. „Ja", sagt die Mutter. „Dort oben und hier unten bei uns!"

„Ist er dann auch in meinem Zimmer?", fragt Julia. „Er ist auch in deinem Zimmer!", sagt die Mutter lachend und bringt Julia wieder zurück in ihr Bett.

„Worüber kann ich denn mit Gott sprechen?", will Julia wissen. „Mit Gott kannst du über alles sprechen. Über alles, was dich freut, aber auch alles, was dir Angst und Sorgen macht." „Auch darüber, dass Fabian mich ständig ärgert?", fragt Julia. Die Mutter nickt und streicht ihr dabei über den Kopf. Julia denkt kurz nach. Dann beginnt sie zu beten: „Lieber Gott, oft habe ich Schwierigkeiten mit Fabian. Er ärgert mich fast jeden Tag. Dabei werde ich dann ganz wütend. Ich möchte mich aber mit ihm vertragen. Kannst du helfen, dass mir das gelingt? Amen."

„Amen!", fügt auch die Mutter leise hinzu. Da ist Julia schon eingeschlafen.

 Was hilft dir beim Einschlafen?

In Psalmen und Gebeten mit Gott sprechen

 Auch du kannst deine fröhlichen und traurigen Erfahrungen Gott erzählen.

Große Bitten vor Gott bringen

Denn dein ist das Reich und die Kraft und die Herrlichkeit in Ewigkeit

Amen.

Und führe uns nicht in Versuchung,

sondern erlöse uns von dem Bösen.

Dein Wille geschehe, wie im Himmel, so auf Erden.

Unser tägliches Brot gib uns heute

und vergib uns unsere Schuld, wie auch wir vergeben unseren Schuldigern.

Geheiligt werde dein Name.

Vater unser im Himmel

Dein Reich komme.

Auch du kannst Gott um vieles bitten.

Was Menschen zum Leben brauchen

Der Dichter Rainer Maria Rilke lebt seit einiger Zeit in Paris. Jeden Tag kommt er auf seinem Weg durch die Stadt an einer Bettlerin vorbei. Immer sitzt sie stumm und wie versteinert an einer Gartenmauer. Es sieht so aus, als hätte sie kein Interesse an allem, was um sie herum geschieht. Manchmal legt einer, der an ihr vorübergeht, eine Münze in ihre Hand. Schnell nimmt sie diese Münze und steckt sie in ihre Manteltasche. Zu keinem, der ihr etwas gibt, schaut sie auf. Sie ist ganz versunken in ihre Not. Nicht einmal ein „Dankeschön" kommt über ihre Lippen.

Eines Tages bleibt der Dichter zusammen mit seinem Freund bei der Bettlerin stehen. Er legt der alten Frau eine Rose in die Hand. Da geschieht etwas ganz Unerwartetes: Die Bettlerin sieht zu ihm auf. Sie greift nach der Hand des Dichters und küsst sie. Dann steht sie auf und geht mit der Rose davon.

Am nächsten Tag sitzt die Frau nicht an ihrem gewohnten Platz. So bleibt es auch am zweiten und am dritten Tag. Und so bleibt es die ganze Woche. Dann sitzt sie wieder stumm und versteinert an ihrem Platz.

Der Freund Rilkes wundert sich. Er fragt den Dichter: „Warum hat die Rose, die du dieser Frau geschenkt hast, so eine Wirkung gehabt?" Rilke antwortet: „Man muss auch ihrem Herzen etwas schenken, nicht nur ihrer Hand."

Da fragt sein Freund weiter: „Wovon hat die Bettlerin all die Tage gelebt? Keiner hat ihr doch Geld gegeben, damit sie leben kann."

„Sie hat von der Rose gelebt!", antwortet der Dichter.

Danke für ...

Im Gebet miteinander verbunden sein

Anna betet	Vater unser im Himmel
David betet	אָבִֽינוּ שֶׁבַּשָּׁמַֽיִם
Kofi betet	Baba yetu uliye mbinguni
Charles betet	Our father in heaven
Madeleine betet	Notre Pére qui est aux cieux
Selim betet	Ey göklerde olan Babamiz